1 2 3 4 5 6 7 8 9 10
11 12 13 14 15 16 17
18 19 20 21 22 23 24
25 26 27 28 29 30 31
32 33 34 35 36 37 38
39 40 41 42 43 44 45
46 47 48 49 50 51 52
53 54 55 56 57 58 59
60 61 62 63 64 65 66
67 68 69 70 71 72 73
74 75 76 77 78 79 80
81 82 83 84 85 86 87
88 89 90 91 92 93 94
95 96 97 98 99 100,

PREMIER LIVRE

EN FRANÇAIS

POUR LES ÉCOLES

OU

INSTRUCTION

CHRÉTIENNE

POUR LES PETITS ENFANTS.

LIBRAIRIE DE Mlle GROSSET,
Rue Poissonnière,
A MACON.

1846.

A a b c d e f g h i
j k l m n o p q r s t
u v x y z.

Voyelles.

a, e, i, o, u.

Consonnes.

b c d f g h j k l m n
p q r s t v x y z.

Lettres doubles.

fi ff ffi fl ffl.

Lettres Capitales.

ABCDEFGHIJK
LMNOPQRSTU
VXYZÆŒE.,;:!?

Lettres Italiques.

a b c d e f g h i j k l m
n o p q r s t u v x y z.

Lettres Capitales.

A B C D E F G H
I J K L M N O P
Q R S T U V X Y
Z Æ Œ.

Syllabes.

Ba be bi bo bu
Ca ce ci co cu
Da de di do du
Fa fe fi fo fu
Ga ge gi go gu
Ha he hi ho hu
Ja je ji jo ju
La le li lo lu
Ma me mi mo mu

Na	ne	ni	no	nu
Pa	pe	pi	po	pu
Qua	que	qui	quo	quu
Ra	re	ri	ro	ru
Sa	se	si	so	su
Ta	te	ti	to	tu
Va	ve	vi	vo	vu
Xa	xe	xi	xo	xu
Za	ze	zi	zo	zu

L'ORAISON DOMINICALE.

Notre Père, qui êtes aux cieux, que votre nom soit sanctifié, votre royaume nous avienne, votre volonté soit faite en la terre comme au ciel donnez-nous aujourd'hui notre pain quotidien et nous pardonnez nos offenses, comme nous les pardonnons à ceux qui nous ont offensés, et ne nous induisez point en tentation, mais délivrez-nous du mal. Aiusi soit-il.

Salutation Angélique.

Je vous salue, Marie, pleine de grâce, le Seigneur est avec vous; vous êtes bénie entre toutes les femmes, et béni est le fruit de votre ventre,

Jésus. Sainte Marie, mère de Dieu, priez pour nous, pauvres pécheurs maintenant et à l'heure de notre mort. Ainsi soit-il.

Notre Croyance.

Je crois en Dieu le Père tout-puissant, le créateur

du ciel et de la terre et en Jésus-Christ son fils unique notre Seigneur qui a été conçu du Saint-Esprit, est né de la Vierge Marie, a souffert sous Ponce-Pilate, a été crucifié, est mort et a été mis au tombeau, est descendu aux enfers, le troisième jour est ressuscité des morts, est monté aux Cieux, est assis à la droite de Dieu le Père tout-puissant d'où il viendra juger les vivans et les morts. Je crois au St-Esprit, la Ste Eglise catolique, la communion des Saints, la rémission des péchés, la résurrection de la chair, et la vie éternelle.

Confession des péchés.

Je confesse à Dieu tout-puissant, à la bienheureuse Marie, toujours Vierge, à saint Michel Archange, à St-Jean-Baptiste, aux Apôtres saint Pierre et St-Paul, à tous les saints que j'ai beaucoup péché par pensées, par paroles et actions; c'est ma faute c'est ma faute, et ma très grande faute. C'est pourquoi je prie la bienheureuse

Marie, toujours Vierge, saint Michel Archange, saint Jean-Baptiste, les apôtres saint Pierre et saint Paul, et tous les Saints, de prier pour moi le Seigneur notre Dieu.

Que Dieu tout-puissant nous fasse miséricorde et que nous ayant pardonné nos péchés il nous conduise à la vie éternelle. Ainsi soit-il.

Bénédiction de la table.

℣. Bénissez.

℟. Que ce soit le

Seigneur. Que la main de Jésus-Christ nous bénisse et la nourriture que nous allons prendre.

Actions de grâce après le repas.

Nous vous rendons grâce de tous vos bienfaits, ô !

Dieu tout-puissant qui vivez et régnez dans les siècles des siècles.

Ainsi soit-il.

Heureuses les entrailles de la Vierge Marie, qui ont porté le fils du Père éternel. Heureuses les mamelles qui ont allaité Jésus-Christ Notre Seigneur.

Que les âmes des fidèles reposent en paix par la miséricorde de Dieu.

Les Commandements de Dieu.

1. Un seul Dieu tu adoreras et

aimeras parfaitement.

2. Dieu en vain tu ne jureras ni autrechosepareillement.

3. Les Dimanches tu garderas en servant Dieu dévotement.

4. Père et mère honoreras, afin de vivre longuement.

5. Homicide point ne seras, de fait ni volontairement.

6. Luxurieux point ne seras, de corps ni de consentement.

7. Les biens d'autrui tu ne prendras ni retiendras injustement.

8. Faux témoignages ne diras ni ne mentiras aucunement.

9. L'œuvre de chair ne désireras

qu'en mariage seulement.

10. Les biens d'autrui ne convoiteras, pour les avoir injustement.

Les Commandements de l'Eglise.

1. Les Dimanches la messe ouïras, et les Fêtes pareillement.

2. Les Fêtes tu sanctifieras, qui te sont de commandement.

3. Tous tes péchés confesseras, à tout le moins une fois l'an.

4. Ton créateur tu recevras, au

moins à Pâques humblement.

5. Quatre-temps Vigiles jeûneras, et le Carême entièrement.

6. Vendredi chair ne mangeras, ni le Samedi mêmement.

Quand on lève la Sainte Hostie.

O Jésus mon Sauveur ! prosterné devant vous, je vous adore dans cette sainte Hostie, je vous reconnais pour mon Dieu, pour mon Sauveur et mon juge.

Quand on lève le Calice.

J'adore, ô mon Sauveur ! votre précieux sang dans le Calice, le même sang que vous avez répandu sur la Croix, jusqu'à la dernière goutte pour le salut de mon âme.

Prière à Dieu.

O mon Dieu! daignez me régler par votre sagesse, me contenir par votre justice, me consoler par votre miséricorde, me protéger par votre puissance.

Je vous consacre mes pensées, mes paroles mes actions et mes souffrances, afin que désormais je ne pense qu'en vous, je ne parle que de vous, et que je n'agisse que par vous et selon vous.

FIN.

Mâcon, Imp. de Chassipollet.

www.ingramcontent.com/pod-product-compliance
Lightning Source LLC
Chambersburg PA
CBHW060914050426
42453CB00010B/1725